> Dieses Maxi Pixi gehört:
>
> _____

In dieser Maxi-Pixi-Serie »Bobo Siebenschläfer« sind außerdem erschienen:

- Bobo bei Oma und Opa
- Bobo im Zoo
- Bobo am Meer

Maxi Pixi Nr. 352
© 2021 Carlsen Verlag GmbH, Völckersstraße 14–20, 22765 Hamburg
© 2018 by Rowohlt Verlag GmbH, Hamburg
Alle Rechte vorbehalten
© Text: 2018 Markus Osterwalder
© Illustration: 2018 Dorothée Böhlke
Lithografie: Margit Dittes Media, Hamburg
Herstellung: Derya Yildirim
Redaktion: Nele Banser, Johanna Willrodt
ISBN 978-3-551-03262-1

www.pixi.de

Bobo
auf dem Spielplatz

Markus Osterwalder
Illustriert von Dorothée Böhlke

Heute geht Bobo
mit Mama auf den
Spielplatz.

Bobo hat seinen Eimer, seine Schaufel und seine Harke mitgenommen.

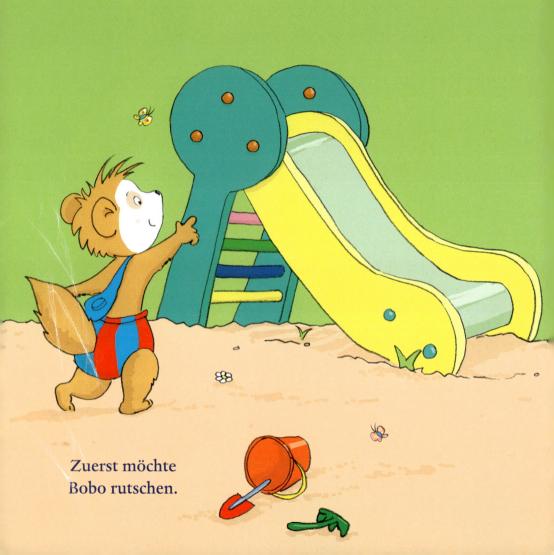

Zuerst möchte Bobo rutschen.

Schnell die Leiter hoch …
»Schön festhalten«, sagt Mama.

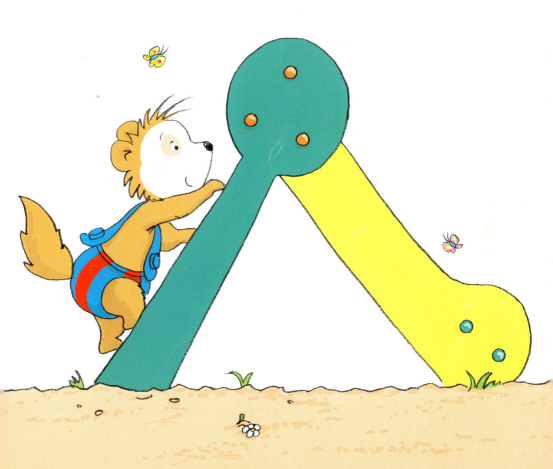

Mama fängt Bobo unten auf.
»Gut gemacht, Bobo!«

Jetzt möchte Bobo
gern schaukeln.

Das kann er schon ganz allein.
Er schaukelt hin und her, hin und her.

Ein anderes Kind möchte auch gern wippen.

Dann kann es ja losgehen.
Bobo und das andere Kind wippen auf und ab …

… und auf und ab …

… und auf und ab.

Mama kauft Bobo noch ein hübsches Windrad.

Dann gehen sie los.
Bobo darf auf Mamas Arm.
Wie schön sich
das Windrad dreht!

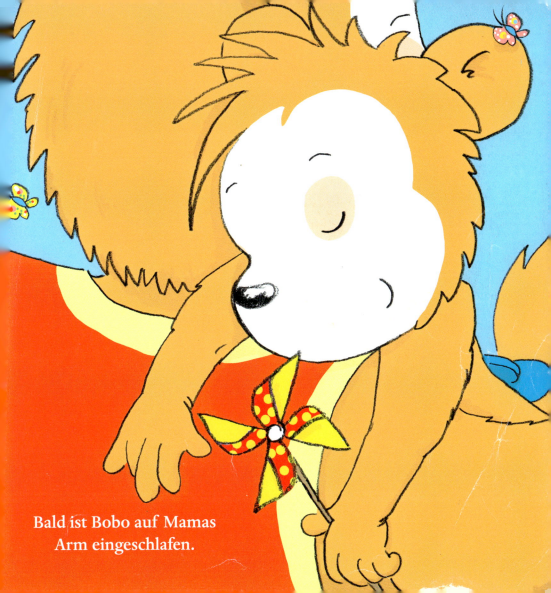

Bald ist Bobo auf Mamas Arm eingeschlafen.

Schau ganz genau hin!

Du hast dir beim Zuhören die Bilder bestimmt ganz genau angesehen. Kannst du die kleinen Bilder in der Geschichte wiederfinden?

Dieser Vogel hat einen guten Ausblick! Wo genau sitzt er?

Dieser kleine Schmetterling hat es sich auf einem Ohr bequem gemacht. Wessen Ohr ist es?

 Wo verstecken sich diese leckeren Lollis?

Zu welchem Spielgerät gehört diese kunterbunte Leiter?

Jemand hat seinen grünen Eimer auf dem Spielplatz vergessen. Kannst du den Eimer entdecken?

Markus Osterwalder
Bobo Siebenschläfer
Ist doch gar nicht schlimm!

In einem Siebenschläfer-Alltag geht auch mal was schief. Das ist aber nicht schlimm, denn Bobo hat immer eine gute Idee, wie man kleine Missgeschicke wieder ausbügeln kann. Als Hasis Ohr abreißt, bastelt Bobo einen kleinen Hut für ihn. Als das Geschirr auf den Rasen fällt, macht Bobo kurzerhand ein Picknick daraus. Die eingelaufene Hose bekommt einen neuen Besitzer; und auch ein kleiner Kratzer ist mit einem Pflaster schnell vergessen. Am Ende jeder Geschichte kann Bobo darum zufrieden einschlafen.

96 Seiten

Alle Abenteuer von Bobo Siebenschläfer gibt's bei rowohlt rotfuchs unter **rowohlt.de**

Kennst du schon Pixi.de?

Sei dabei und werde ein Pixi-Fan!

Entdecke neue Bücher und spannende Infos!

Melde dich zum Newsletter an mit monatlich tollen Verlosungsaktionen.

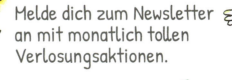